AF300627

Gedichte über besondere Begegnungen und glücksstrahlende Träume, über pochendes Herzklopfen und stilles Abschiednehmen. Gedichte über Trauer und Liebesschmerz, Hoffnung und Melancholie. Gedichte über den aberwitzigen Frühling und erste Sommernächte, über samtenes Glücksflockengestöber und eisige Winterstunden. Gedichte über verschlungene Lebenspfade und knallbunte Erinnerungen.

Nina Piorr packte die Leidenschaft für das Schreiben bereits in ihrer Kindheit. Seit ihrem Abitur ist sie als freie Journalistin tätig. Während ihres Masterstudiums veröffentlichte die Kultur- und Literaturwissenschaftlerin ihren Erstlingsroman „Zwei Seiltänzer" (2017). 2023 erschien ihre Erzählung „Und einsam funkeln die Sterne". Aktuell schreibt die gebürtige Schwäbisch Hallerin an einem Tübingen-Krimi, 2023 ist sie Mitglied bei den Mörderischen Schwestern e. V. geworden.
Neben dem Schreiben schlägt ihr Herz für die Musik: Mit ihrer Konzertharfe und eigenen literarisch-musikalischen Programmen ist sie auf Kleinkunstbühnen in Baden-Württemberg unterwegs.

Nina Piorr

# Wo sich Himmel und Erde berühren, steht die Welt Kopf.

Gedichte

Mit fünf Gedichten
von Nicole Piorr

Bibliografische Information der Deutschen Nationalbibliothek:
Die Deutsche Nationalbibliothek verzeichnet diese Publikation
in der Deutschen Nationalbibliografie; detaillierte bibliografische
Daten sind im Internet über dnb.dnb.de abrufbar.

1. Auflage
© 2023 Nina Piorr
Herstellung und Verlag: BoD – Books on Demand, Norderstedt
Fotografien: Nina Piorr
Layout, Design und Covergestaltung: Nina Piorr/Canva

ISBN: 978-3-757-88950-0

#  Inhalt

# Vorneweg ...

Schreiben ist für mich so elementar wie Atmen.
Schreiben – ein Lebenselixier.

Ein ganz herzliches Dankeschön an dieser Stelle an
meine wundervolle Maman, die ganz zauberhaft
mit Worten jongliert: In meiner Kindheit hat sie mir
mit ihren herrlichen Geschichten die Tür zur Welt
der Fantasie geöffnet.

Fünf ihrer wunderschönen Gedichte durfte ich auf
den folgenden Seiten mit versammeln und auf ihre
wertvollen Ratschläge bei der Veröffentlichung dieses
Buches immer zählen.

# Teil 1

Wo sich
Himmel und Erde
berühren,
steht die Welt
Kopf.

# Begegnungen

Jeden Tag treffen

in unserem Leben

Welten aufeinander.

Plötzlich und unerwartet

ein platschender Schauer

im April.


Jeden Tag kreuzen

Menschen unseren Weg

und meist einen Augenblick nur,

ein Atemholen, ein Wimpernschlag,

ein Lächeln, ein Kopfnicken lang

haben wir Anteil an ihrem Leben,

werden sie Teil unserer Welt.

Dann verlieren wir einander wieder,

eilt ein jeder weiter in seine Richtung,

ein jeder zurück in seine Welt.


Doch manches Mal bleibt

ein Nachhall zurück,

ein leises Singen aus einer

fernen Sphäre.

# In Wellen der Wind

In Wellen reitet der Wind übers Gras

Streift Haut und Herz, lässt tanzen das Haar

Weckt wispernd alte Erinn'rungen auf

Türmt wirbelnd Träume zu Wolken hin auf


Atmen ist Leben, das sagtest du einst

Anfangs am Ufer, der Wind uns umspielt'

Wellen voll Glücks, sie rissen mich mit

Hoben mich kurz zu den Sternen empor

Eh ich bemerkte, du warst nicht dabei

Stürzte ich taumelnd ins Dunkel verlor'n


Atmen ist Leben,

Das sagtest du einst

Doch Atmen fällt schwer

Mit geprelltem Herz

Aus dem Rhythmus gekommen

Mit den Vögeln gestoben

Zu schnell?


Trommelwirbelfinale

Jubelnd gestolpert

Im Fallen dreht sich die Welt


Himmelsfittich fängt auf

All unter, über all,

in verlässlicher Weite

Herzatempochendes

Sternenfunkelzelt

Schmetterlinge flattern

In knallgelbgrünem Pink

Herz nimmt Anlauf –

überschlägt sich

Landet auf nem Trampolin

– von Nicole Piorr –

Augenblicke

Tief verbunden

Du und ich

Liebe leben. Leben lieben

Traumhaft

# feuer

und die blütenblätter

sie wirbeln

und tanzen

mit uns

mit den flammen

wirbelt mohnrot

lodert, glüht

verglimmt

feuer

glüht glimmend

in mir nach

letztes blütenblatt kreist

sprüht funken

mit den funken

in ocker

sinkt zu boden

verglimmt

in zitronengelb

$$\mathcal{Liebe}\ldots$$

Wie die Luft,

die wir atmen,

die uns einhüllt,

ganz durchdringt


und jede Faser

unsres Körpers

wundersam

zum Schwingen bringt

– von Nicole Piorr –

Hingabe

Tänzerisch schwebend

Uns ganz nahe

Himmel und Erde verbunden

Balance

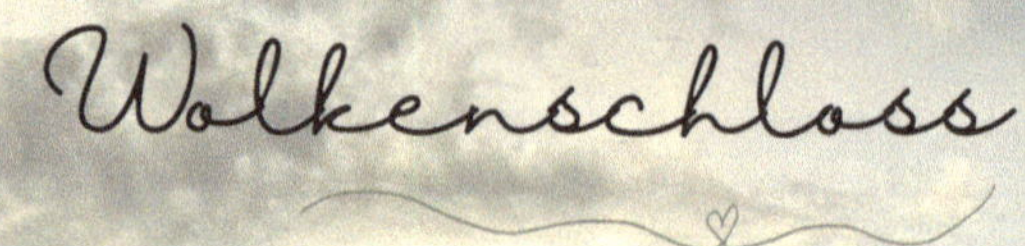


Sommerliebe, Blumenkleid

Bett aus Gräsern, Grillenzirpen

Amselsang, wispernde Birken

Kleiner Bus, Waldeinsamkeit


Sprung ins Wasser, Perlenregen

Glitzerträume, Windgeflüster

Deep romance, verschlung'ne Wege,

Wolkenschlösser, Hirngespinste?

Herz auf Herz, gehauchte Küsse

Euphorie, ein „Ja, ich will"

Höhenflüge, tiefe Blicke

Wimpernschlag, die Zeit steht still


Waldhimbeergeschmack im Mund

Weiches Moos, verliebte Tänze

Schnell verwelken Blütenkränze

Sammeln für Erinnerung


Aus weiter Fern' aufbraus'nder Wind

Verfinsterung, ganze Zeit blind?

Blick zum Himmel, Wolkentürme

Verschreckte Sonne, Sommerstürme?

Donnergrollen, Blitzgezucke,

Hagel bohrt sich in die Haut

Verstummte Vögel, Sommertücke?

Wolkenschlosszusammensturz?


Wehmut, Schwermut, schweres Herz

'ch pflück dir ein Vergiss-mein-nicht

Doch zu Liebe gehört Schmerz

Deine Worte ohne Licht


Sommerliebe, Herzeleid

Abschied ohne Blumenkleid

Zertret'nes Gras, Amsel fliegt fort

Nasser Wald – einsamer Ort

Warten –

Hoffnung alles, was ihr bleibt

Doch Hoffnung – ist das nicht nur

ein leiser Ruf, der ungehört verschallt?


Schemenhaftes Glück

hinter hell erleuch'ten Scheiben

Menschen Arm in Arm und lachend

Nur sie – ganz allein


Zuckerwatte klebrig-süß

Hunger auf das Leben

Lindhellgrünes Frühlingslaub

Glück und Körperbeben

Warten –

Hoffnung alles, was ihr bleibt

 Doch Hoffnung – ist das nicht nur

ein Rettungsring, dem Luft entweicht?


Dunkelheit legt Arm um sie

Hüllt sie ein in warmen Mantel

Über ihr unendlich weit

Einsam-stilles Sterngefunkel

# Melancholiebe

Melancholie klopft an mein Herz

Wie tausend, abertausend Tropfen

Die pochend an die Scheibe klirr'n

Und perlend tränen, ohne Funkeln

Im matten Schein der paar Latern'n

Die Sterne verdunkelt


In der Hand ein Glas Wein

Die Gedanken bei dir

Wo sind die Sterne

Und ihre Schnuppen?

Weggeschnippt wie 'ne

Verbrannte Zigarette


Schnuppe!

Und nein, die Gedanken

Fahr'n wieder mal Karussell


Und Herz, du sei ehrlich

Die Schwermut gefällt dir

Hin wieder auch sehr

Wenn der Kühlschrank brummt

Und der Kopf mit seinen Gedanken


Und immer wieder

All diese ungezählten Tropfen

Einander jagend

Auf einsamen Rinnen

Ganze Tränenflüsse

Der dunkle Himmel

Scheint zu versiegen?

Der Kühlschrank – verstummt.


Der Wein ist warm geworden.


(Was bleibt?

Ein Gedicht

Und verblassende Träume)

# Wunden

Ein Jahr ist vorüber

Noch da ist der Schmerz

Sie dacht', Zeit heilt Wunden

Doch nicht die im Herz

# Funkenverlor'n

Feuer gespuckt

Zauber der Nacht

Flamme verlischt

Viel zu schnell

Dunkel zurück

Kalt bricht es ein

Funkenverlor'n

Tast' deine Hand

Doch

Find' sie nicht mehr

# Verblasst

Ich hab Angst,

dass unsre Erinn'rungen

nur meine sind und

irgendwann verblassen,

zerfallen zu Asche,

verwehen im Wind,

dass unsre Erinnerungen

irgendwann keine sind,

als hätt' all das Glück

nie existiert.
Die Goldenen Stunden

verschluckt von der Nacht.

# scherben

dein letztes geschenk

zerbrochen

wie mein herz

als du gingst


scherben

unwiederbringlich

doch scherben

bringen glück

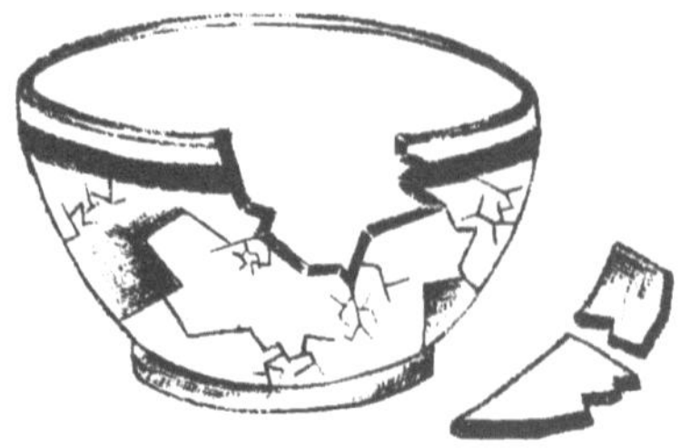

# Tränenperlenblatt.

Im Gewirr verfangen

Schwebend in luftiger Höhe

Umfängst du

All die ungezählten Tränen –

Von Herzen aufgefangen

Lässt du dich fallen

Verwandelst sie

In funkelnde Perlen

Voll Zuversicht

– von Nicole Piorr –

Wiedersehen

Hüpfendes Herz

Augenblicke wärmender Nähe

So viel – zu wenig

Hoffnungsschimmer

Die Liebe zweier

ist wahr,

wenn auch die Herzen

um sie her

in Schwingung geraten.

# Teil 2

Pfade
Von Jahr zu Jahr
Von Ort zu Ort
Von Tür zu Tür
Von Herz zu Herz

# Träumen

Träumen

Offenen Auges

Ferne Welten durchstreifen

Gefüllten Herzens

heimwärts drängen

Aufbruch-
stimmung!

33

Frühling träumt noch, doch
bald erwacht er in bunten
Teppichen voll Licht

Blaustern kokettiert
mit saftigem Grün, durchdringt
Märzgrau mit Funkeln

# Aus dem Vollen

Aus dem Vollen

Schöpft der Frühling

Voller Witz und

Übermut,

Sprießt an allen

End' und Ecken,

Schäumt schier über,

Fabriziert ein

Munter summend

Süßlich duftend

Herrlich wildes

Durcheinander –

Farben-Formen-

Blütenmeer…

Frühling blüht heran
Bunt, wild, voller Energie
Zauberschön lockend

Frühling explodiert
Farbenfeuer-Wunderwerk
Überschäumend' Glück

36

# *frühling faustdick*

frühling flattert

durch die Lüfte    tänzelt munter

wie die bunten    auf und nieder

schmetterlinge   quietschvergnügt, voll

        ungeduld, denn

lässt sein schönes

band, das blaue,   schelmisch grinsend

quirlig in der     hinter büschen

sonne schimmern    wartet er mit

        seinem kumpel

zaubert lächeln

auf gesichter     amor auf die

weckt die veilchen   ersten, süßen,

und die bienen    unschuldigen

        frühlingsküsse

Im Dunkel der Nacht

Wurzelt der Tag

Im Morgenrot

Knospt die Hoffnung

Im Strahlen der Sonne

Funkelt das Leben

Von Neuem

# Walpurgisnacht

Besen fordern Feiertag

Heut' mal keine Böden fegen

Ungeduldig schart das Reisig

Will sich in die Lüfte heben

Wirbelnd tanzen mit dem Wind

Sausen, brausen - wär' gelacht - -

Einmal wilde Träume leben

Zauberhaft Walpurgisnacht

– von Nicole Piorr –

Lindensummen

Meereswogen gleich

Geschenk des Himmels

Du

Süßer Duft

Erfüllst meine Sinne

Lässt mich beflügelt schweben

Himmelwärts

Leben pulsiert

Im Herzen Träume

Wurzeln im Dämmer

Erster Sommernächte

# Auf der Neige

Die Tage im Sommer

werden kürzer

und die Träume

stehen auf der

Neige.

# Erinnerungen

Sommer atmen

Berauscht von Farben

Kamera im Gepäck


Auf Streifzug

Nach Erinnerungen

# Spätsommer-Meditation

Ausatmen, einatmen.

Libelle tanzt

mit den Sonnenstrahlen.

Glückstrunken.

Ausatmen, einatmen.

Himmel aufs Wasser getuscht.

Kröte taucht unter,

Firmament in Wellen.

Zerfließt.

Ausatmen, einatmen.

Spätsommer flirrt

golden in der Luft.

Impressionistische

Verführung.

Ausatmen,

einatmen –

staunen.

Sein.

# Morgenglück

– von Nicole Piorr –

Herbstmorgen

Taubenetzte Spinnenweberei

Nebelschwaden überm Tal

Marienfäden wie von Zauberhand

Glücksmomente

Stille umhüllt mich

wohlig warm

wie eine Decke aus Wolle

wattig weich

wie ein Wolkenbausch


Tief im Innern

ein Ort nur für mich

gleich einer Schaukel

im Geäst eines Baums


Keck frech

hin und her

vor zurück


Wo ich Platz nehmen darf

die Beine baumelnd


Schwung nehmend

höher hinauf

zum Absprung bereit


Für neue Abenteuer!

# Pfade im Winter

Pfade im Winter

Führen durch Dunkelheit

An stille Gräber

Auf Friedhöfen mit Lichtermeer


Pfade im Winter

Führen durch Kälte

Über gefrorenen Boden

Zu erstarrten Seen


Pfade im Winter

Führen hin zu Dir

Du, der Du nicht mehr bist

Bei mir

Pfade im Winter

Sind eisblau und einsam

Und doch voll Erinn'rungen

An das knallbunte Leben


Und zerplatzte Träume

# Himmelsgestöber

Himmelsgestöber

Samtene Stille

Sachte sinkender Trost

Weißes Wunder kristallener Sterne

Schneeflockenzauber

# Eisblumen

Eisblumen

Über Nacht

Vom Winter gezaubert

Ranken vom Fenster ins

Herz

# Glücksflocken

Glücksflockengestöber

Lachendes Sprudeln

Lasagnekäsefäden

Kristallenes Knistern

Eisklares Atemschöpfen

Schneegirlandenglitzern


Sinnlose Wortgespinste

Wisperndes Wortgefunkel

Buchstabengetümmel

Zischende Zeichenketten

Flüsterndes Papier

Glücksflocken in den Wimpern

Augenglitzerlachen

Funkelndes Schimmern

Sternennachtglimmern


Schneeschnuppentreiben

Wirbelnde Worte

Grundloses Glück

# Neues Jahr

– für T. –

Eine halbgeöffnete Tür,

hinter der es geheimnisvoll schimmert,

deren glitzerndes Halbdunkel verlockt.


Eine ausgestreckte Hand,

die nur darauf wartet,

ergriffen zu werden.


Eine leise Melodie,

die der wispernde Wind heranträgt,

die von Glück singt

und von Zuversicht.

Ein süßer Duft,

der um die Nase streicht

und hungrig macht

auf all' das Leben,

das gelebt werden will.


Eine unberührte Schneedecke,

die sich vor uns ausbreitet,

in die wir losstapfen dürfen,

neugierig,

vorfreudig,

abenteuerlustig.


Ein dicker Sack,

gefüllt randvoll mit funkelnder Zeit,

die wir mit Lachen füllen dürfen,

mit Leben

und mit ganz viel Liebe.

# Winterstunden

Nur durch des Winters dunkle Kälte

Erstarrtes Träumen langer Nächte

Voll Stille und Sternenzauber

Regt sich Leben in der Tiefe

Keimt in frostiger Erde


Es braucht die eisigen Winterstunden

Um neue Knospen zu treiben

Lichtwärts

Tanze mit den Schneeflocken

Um die Wette

Lausche dem Geflüster

Des Windes

Verliere einen Wettlauf

Gegen die Schnecke

Reiche anderen die Hand

Verschenke dein Lächeln

Beobachte das Spiel          Höre auf dein Herz

der Wolken

Verliere dich im Gewusel          Lebe lichtwärts

Eines Ameisenhaufens

Atme glitzernde Zuversicht

57

Unter Gewehrsalven kein Lachen

Kein Brückenbau bei Mauerbau

Im stillen Sternenfunkeln

Sichtbar in der ausgestreckten Hand

Wurzelt Friede in der Liebe

Seine Heimat: Unser Herz

Mehr Informationen zur Autorin und
ihren Büchern sowie Konzerten finden
Sie auf Instagram:
instagram.com/nina.piorr/